Carmine Rapisarda

Lo stretto di Messina nelle memorie di Viaggio

EDA

In copertina
Veduta di Capo Peloro e dello stretto di Messina, Jeah Houel 1770

Finito di Stampare nel mese di ottobre 2012 per conto dell'autore
A Raleigh USA – LULU

Prefazione

La Sicilia, posta geograficamente tra l'Africa e l'Europa, sin dal secolo XII è stata meta di viaggio di numerosi viaggiatori che, per eterogeneità di formazione e per diversità territoriali, hanno lasciato dell'isola valide testimonianze e raffigurazioni di interesse artistico e storico. Un merito di questi pionieri è stato quello, attraverso i loro diari, lettere e resoconti, di aver fatto conoscere all'Europa l'immagine di una terra misteriosa e magica.
Il primo "viaggiatore" che descrisse l'isola, fu l'arabo Ibn Giubair, nel suo giornale di viaggio la Rihla, il quale naufragato nel dicembre 1184 a Messina, attraversò l'isola normanna da oriente ad occidente cercando un passaggio per il rientro in Spagna. Altre descrizioni nel XII secolo furono fatte da Ibn Hawqal, da El Idrisi nel Libro di Ruggero e da Benjamin de Tudele, e nel XIII secolo da Raimondo Muntaner e da Bernardo d'Esclot. Nel XIV secolo gli stranieri non sbarcarono sull'isola, tenuti lontano dal contagio della peste che allora imperversava in Sicilia. I viaggi riprenderanno nel XV secolo; ma solo con l'umanista Pietro Bembo, che cercò di dare una spiegazione scientifica alle eruzioni dell'Etna, che potremo parlare di letteratura odeporica sull'isola e avranno quindi inizio i primi viaggi della ricerca topografica e storica.
La maggior parte dei viaggiatori appartenevano a ceti sociali nobiliari ed erano spesso sovvenzionati dai rispettivi governi, facevano parte di quella cerchia di veri e propri ricercatori e ci hanno lasciato testimonianze storiche, letterarie e artistiche.
Tutti giungevano via mare da Messina o da Palermo e restavano colpiti dalle bellezze paesaggistiche e ambientali.
In questa breve raccolta abbiamo selezionato alcune testimonianze di viaggiatori di diversa epoca e nazionalità che dal XV secolo ai nostri

giorni sono giunti a Messina via mare; qui si sono soffermati ed hanno descritto lo stretto nonché, alcuni aspetti culturali e ambientali. Il nostro lavoro quindi non vuole essere un'opera esaustiva sulla letteratura odeporica, ma certamente è un tassello che si inserisce nel vasto panorama delle attività di conservazione e di valorizzazione dello stretto.

Carmine Rapisarda

Bembo Pietro (1470-1547)

Letterato ed erudito veneto, è considerato uno dei maggiori umanisti italiani, fu figura luminosa e dominante nelle città letterarie del Rinascimento, frequentò le corti di Ferrara, Firenze, Urbino e Roma; nel 1530 fu nominato storiografo e bibliotecario a Venezia e nel 1539 cardinale.

Da Napoli raggiunse Messina via mare nel 1492 per studiare il greco nella scuola di Costantino Làscaris, soggiornò a Messina per due anni. Visitò Catania e ascese sull'Etna. Ritornato a Venezia pubblicò le sue impressioni in un poemetto dialogico in latino *De Aetna*. Il *récit* è scritto sotto forma di dialogo tra Bembo e il padre, con lo scopo di soddisfare le curiosità di coloro i quali chiedevano notizie sul vulcano, esso rinsalda infatti la teoria di Lucrezio affermando che sono i venti interni che sollevano la lava, il padre che è il suo interlocutore, dà una spiegazione sulla nascita del fuoco dovuto allo sfregamento interno delle correnti che accendevano lo zolfo. Si tratta di un'opera degna di nota in quanto vengono formulate delle teorie supportate da osservazioni scientifiche e sconfessate invece le favole tramandate dai suoi predecessori;

Riportiamo qui la breve descrizione della visione del paesaggio da Messina a Taormina.

Verso l'Etna (1493)

Decidemmo allora di andare a visitare l'Etna e in tal modo, mentre ci saremmo presi un poco di distrazione, come dovevamo pur fare quantunque occupatissimi, avremmo conosciuto, anche godendo una vacanza, un così grande prodigio di natura. Quindi presi alcuni simpatici compagni, che ci dovevano fare da guida, partimmo da Messina viaggiando a cavallo. Durante il viaggio fino a Taormina non vedemmo nulla degno di memoria infatti si costeggia sempre la riva del mare. A sinistra si vedono subito comparire Reggio e la campagna Calabrese al di là di un braccio di mare dapprima breve, poi via via più largo poiché dallo stretto si passa a poco a poco al mare aperto. Da dentro ci sovrasta una linea continua di colli, una zona tutta abbondantissima dei doni di Bacco e ancor oggi celebre per i vigneti mamertini, sebbene forse assai meno di una volta, quasi lo stesso passar del tempo ne abbia consunto le lodi.

Pietro Bembo, *De Aetna*, (testo, traduzione e note di Enzo Alfieri), Sellerio editore, Palermo, 1981, pp. 67-68.

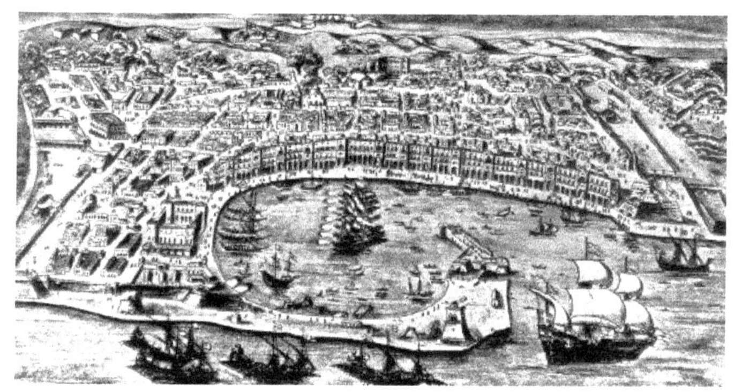

Bertarelli, Messina XVII secolo

Albert Jouvin de Rochefort

Nacque intorno al 1640 in Francia. Della sua vita conosciamo ben poco. Incline agli studi geografici, fu un buon cartografo, esperto di economia. Nel 1675 fu nominato tesoriere di Francia aveva a lungo viaggiato in Europa, in Turchia, in Terrasanta, in Egitto. Spinto dalla curiosità, e prendeva nota delle cose degne di attenzione allo scopo di conservare delle memorie. La sua opera fu pubblicata su richiesta di alcuni amici col titolo: *Le Voyageur d'Europe où sont le voyages de France, d'Italie et de Malthe, d'Espagne et de Portugal, de Pays Bas, d'Allemagne et de Pologne, d'Angleterre, de Danemark et de Suède*, Parigi, 1672-76. Il viaggio in Sicilia, inizia da Palermo nel 1672; Jovin si recò quindi a Monreale e poi a Messina via mare, città al culmine della potenza e del prestigio politico. Dopo Messina raggiungerà sempre via mare Catania.

Messina (1672)

Messina è stata da sempre la città più importante e più famosa del Regno di Sicilia per la bontà e capacità del suo porto, uno dei più frequentati d'Europa perché sulla rotta dei vascelli che vanno e vengono da tutti i paesi del Levante i quali, passando dal Faro o canale di Messina, si riforniscono in questo luogo sicuro di viveri e di quant'altro necessita alla navigazione. Se infatti non si potesse passare per questo stretto, si dovrebbe fare il lungo giro di tutta l'isola ed avvicinarsi per forza alle coste di Barberia con il pericolo di incontrarvi qualche vascello corsaro; mi meraviglia appunto che il Re di Spagna, cui lo stretto appartiene, non pretenda alcun tributo dalle navi che vi passano, come fa invece il Re di Danimarca per lo stretto di Sund attraverso cui si entra dall'Oceano nel Mar Baltico. A prescindere dalla sua posizione sul faro, Messina è situata nel posto più gradevole del mondo, parte sulle colline parte in pianura, tanto da sembrare proprio un anfiteatro, con al centro il porto, delimitato da un lungomare lastricato in grandi pietre da taglio, lungo duemila passi e fiancheggiato da imponenti edifici, tutti di eguale stile, che ben meritano l'appellativo di palazzi; essi occupano il luogo dove una volta si alzavano le mura che separavano la città dalla marina, delle quali sono ancora visibili le porte. È anche da porre in rilievo la lunghezza dell'istmo che continua al di là della città per chiudere, come un braccio ripiegato, l'altro lato del porto, lasciando libera solo un piccolo accesso (che permette il passaggio a non più di due o tre galere allineate) posto all'estremità dell'istmo stesso e difeso dalla poderosa fortezza di Castellamare. Vi siamo entrati per vedere i suoi numerosi cannoni, le fortificazioni circondate dal mare come una penisola ed un pozzo molto grande come una cisterna in cui si conserva l'acqua da bere, simile a quello esistente nella cittadella di Torino.

Passeggiando per la città, oggetto della nostra ammirazione, abbiamo notato che tutte le sue strade sono disposte in due modi: le une seguono la direzione del lungomare e sono fitte di case di ricchi mercanti, di grandi piazze e di mercati pubblici, le altre scendono dalle colline verso la marina, dalla quale ognuna di esse è separata da una porta; tutte insieme formano una delle più grosse città d'Italia, una delle più ricche di commerci grazie al porto, una delle più belle per la magnificenza dei grandi palazzi ed una delle piazzeforti più munite d'Europa per la quantità dei castelli e delle altre fortificazioni che la proteggono.

Alloggiavamo all'Albergo dell'Aquila, nella piazza di S. Giovanni, nella quale abbiamo notato due cose in particolare: una fontana in mezzo ad una grande vasca di marmo abbellita da varie statue che gettano acqua in maniera così abbondante da riempire un abbeveratoio sottostante che forma un piccolo canale, e la chiesa di S. Giovanni, notevole per la facciata ricca di colonne e di statue di marmo, per i bassorilievi che, nella parte inferiore di essa, rappresentano gli, episodi della vita del Santo, ed ancora per l'altare maggiore che viene considerato come una delle opere più pregevoli della città.

Dopo aver attraversato un mercato ci siamo incamminati per la larga via chiamata *Strada de Lucelator*, per vedere 1a grande chiesa dell'Annunziata, edificata per volere del Cardinale Caraffa, come scritto sopra la porta principale, chiesa veramente straordinaria e lodata da tutti per la sua architettura. Essa non è importante soltanto per la sua ottima struttura, ma anche per le sue decorazioni, i suoi dipinti i suoi marmi che me l'hanno fatta paragonare alla Chiesa del Gesù di Napoli...

Albert Jouvin, *Voyage d'Italie et de Malthe 1672*, a cura di Liliane Dufur, (traduzione di Pina Cotroneo e Liliane Dufur), Domenico Sanfilippo, Catania, 1995, pp.89-91.

La pesca del pesce spada

Jean Pierre Louis Laurent Hoüel

Jean Hoüel nacque a Rouen nel 1735, studiò architettura; oltre ad essere un famoso pittore fu un archeologo meticoloso. Compì due viaggi in Sicilia, il primo nel 1770 ed il secondo nel 1776; quest'ultimo durò quattro anni e durante il suo soggiorno ricevette un compenso dal re di Francia.

Le sue escursioni furono sempre accompagnate da disegni che in realtà sono delle tavole a guazzo, un sistema di incisione che imita i disegni acquerellati a inchiostro di china o a bistro. Realizzò 264 tavole, molte delle quali si trovano al museo dell'Ermitage di San Pietroburgo e al museo del Louvre di Parigi.

Egli stendeva le sue descrizioni in loco dopo aver eseguito i disegni, così testi ed incisioni appaiono strettamente correlati: "Avvaloro i miei disegni con i miei scritti e confermo i miei scritti con i miei disegni".

Hoüel fece conoscere la Sicilia attraverso le azioni, i giochi, i lavori, i costumi; nella prefazione al libro scrisse: "Descriverò, come viaggiatore, il governo, gli usi e i costumi della Sicilia; come artista: presenterò nelle stampe tutti i monumenti che mi sono sembrati interessanti e rari."

L'artista si adattò facilmente ai costumi locali, imparò la lingua, si vestì da Siciliano, calzò stivali corti, girò con i capelli avvolti in una rete, armato, come era costume del tempo. Seppe cogliere i diversi aspetti della civiltà e della cultura siciliana.

La pesca del Pesce-spada (1782)

Ho fatto molti viaggi a Messina, vi fui una volta durante i mesi di Giugno e di Luglio, tempo in cui si fa la pesca del pesce-spada, specie singolare che la natura ha veramente armato di una lama a doppio taglio e più temibile di quella che noi stessi usiamo.

I pescatori si prepararono a partire. Sarebbe stato difficile ad ogni viaggiatore un po' curioso, resistere al desiderio di vedere un tale spettacolo, si può immaginare come un pittore ci si abbandonò con trasporto. M'imbarcai improvvisamente per recarmi nei pressi della Torre del Faro, ove si svolgono generalmente le più belle scene di questa pesca.

La costa del canale m'offriva, durante 1a navigazione i punti di vista più belli e più vari. Le case di campagna, i monasteri, i villaggi, si raggruppavano nel modo più pittoresco con gli alberi, a cui spesso si mescolavano le più belle piante d'aloe, i cui tronchi dritti da 25 a 30 piedi di altezza terminanti in piramide per la disposizione dei rami, presentano un carattere la cui differenza sensibile con gli altri alberi, era di una verità che aggiungeva del piccante a quegli aspetti, e faceva dei contrasti con le masse verdeggianti delle montagne e le masse aride della roccia nuda, che da lontano si confondeva con gli edifici.

I valloncelli che separano le colline dalle montagne,

variano ancora l'incanto dello spettacolo. A metà strada tra Messina e la Torre del Faro, si scorge una piccola chiesa chiamata la Madonna della grotta; una volta era un tempio, era rotondo e ornato tutto intorno di colonne come il tempio del Sole a Roma. Le nuove colonne che sono state sostituite a quelle, non sono disposte come lo erano le prime. Nella roccia vicina al tempio, vi erano scavate delle grandi nicchie, che si credono antiche come il tempio, sono interessanti per chi ama le antichità, non vi sono figure; si pensa che ve ne fossero al tempo dei pagani.

Fui stupito dalla facilità con cui ci si procura acqua dolce per tutta questa riva. Basta scavare la terra di un pollice, talvolta di un piede, raramente di due, e subito l'acqua esce abbondante.

Le donne di questa contrada ne traggono grande vantaggio per gli usi domestici; questa abbondanza d'acqua si stende dal capo Peloro fino a Taormina. Nel canale di Messina si fa la pesca del pesce-spada. Pesce di cinque piedi di lunghezza: la lama che porta all'estremità del naso, ha due piedi e mezzo di lunghezza, per due pollici e mezzo di larghezza, e per quattro o cinque di spessore. Essa è cosi forte da sfondare una barca con un colpo di questo corno, che è così duro che il ferro lo scalfisce appena. Questa pesca si fa soltanto lungo la costa del faro, dopo la lanterna, vicino al porto di Messina, fino ai dintorni di Scilla. Vi sono otto, dieci o dodici barche destinate a tal uso. In mezzo ad una di esse si alza un lungo albero, in cima al quale un uomo fa da sentinella, e guarda i segnali che gli fanno gli altri uomini arrampicati sulle rocce della riva o sul castello di Scilla, da dove, osservando il mare quasi perpendicolarmente si vede dove è il grosso pesce che si cerca: l'uomo posto in cima al palo, ripete i loro segnali, e indica agli uomini che sono nei battelli, con grida e termini derivati all'antico greco, i giri che fanno i pesci.

Ogni barca ha due scialuppe, una delle quali è più grande ed ha un equipaggio di dodici abili rematori. È qui che si trova l'uomo armato di fiocina. Quando la sentinella comincia a gridare, la scialuppa parte velocemente seguendo a forza di remi i guizzi del pesce. Non appena questo si trova alla portata dei pescatori, gli viene scagliato l'arpione, innestato ad una lunga asta cui è fissata una lunga cima. Il pesce ferito fugge e si inabissa; la scialuppa lo insegue, filando la corda, finché il pesce non sia esausto, interviene quindi la scialuppa, quella che viene chiamata la barca della morte. Essa continua a seguire il pesce moribondo finché questo, tornato a galla privo di forza o anche senza vita, possa essere preso, issato sulla scialuppa e portato sulla barca grande. Mentre si svolge questa cerimonia, la prima scialuppa è già impegnata ad arpionare qualche altro pesce.

Questa pesca si fa soltanto nel tratto di mare vicino al Faro, nei pressi di Scilla e di Bagnara.

Jean Houël, *Voyage pittoresque des isles de Sicile, de Malte et de Lipari*, Paris, de l'Imprimerie de Monsieur- Peintre du Roi, 1782-87

Henry Swinburne

Scrittore inglese (1668-1701). Si trasferì da giovane a Roma, divenne amico di papa Clemente XI. Pubblicò una commedia *The husband his own cuckold* e tradusse le satire di Giovenale. Si recò in Sicilia poco prima della morte. La sua opera *A Voyage to Sicily and Malta written by Mr J.D. jr when he accompanied Mr Cecill in that Expedition in the years 1700 and 1701,* Londra 1776.

Dryden giunse a Messina per mare il 7 novembre 1700 in compagnia di Mr Cecill e vi restò 4 giorni ospite del console inglese Thomas Chamberlain: proseguì poi il tour con la feluca per raggiungere Catania quindi Siracusa, Avola e successivamente proseguì per Malta. Ritornò in Sicilia da Trapani proseguì quindi per Palermo e poi per Napoli.

Messina (1700)

Entrando a Messina dall'entroterra, non provai quelle sensazioni di sorpresa e di gioia dalle quali i viaggiatori si dichiarano in certo qual modo sopraffatti al primo apparire della città dal mare.

La mia ammirazione crebbe un po' quando, girovagando per la Città, potei apprezzare le molte bellezze della sua posizione. Lungo la via che conduceva alla locanda non trovai niente che mi invogliasse a farmi una buona opinione della città: strade strette, case tetre, poco fervore di traffici e ancor meno sfoggio di lusso.

Una grande catena montuosa incombe sul litorale, tanto che una parte della città sorge su un terreno elevato. Molte montagne sono coperte di boschi maestosi; boschetti e campi rendono le colline prospicienti deliziosamente varie. Poiché la città si dispiega in una curva sul ciglio di un declivio, gli edifici importanti si possono ammirare nella loro prospettiva migliore, mentre le parti meno splendide sono nascoste nella *Palazzata*. Si tratta di una fila ornamentale regolare di alte case, con diciannove porte che corrispondono ad altrettante strade. La *Palazzata* segue l'arco semicircolare del porto per un Miglio e cinque pertiche e sarebbe stata la fila di edifici più bella d'Europa se il progetto fosse stato completato. Purtroppo, ad eccezione dei muri della facciata che hanno un aspetto molto cadente, una buona parte non è stata portata a termine. Emanuele Filiberto di Savoia, Vicerè di Sicilia nel 1622, iniziò quest'opera principesca.

Davanti c'è un ampio molo ornato da statue e da fontane. Navi di qualsiasi stazza possono attraccare vicino al parapetto, in acque molto profonde. All'estremità occidentale si trovano una piccola roccaforte e una porta. L'altra estremità è delimitata dalla residenza del governatore e dalla cittadella, una moderna fortezza pentagonale costruita sul promontorio dove l'istmo, o braccio di San Raniero, si protende dalla terraferma. Su questa striscia bassa di terra che, insieme alla *Palazzata*, forma il porto circolare di Messina, uno dei più belli al mondo, si trovano il faro, il lazaretto e nella punta estrema l'antico castello di San Salvatore. La circonferenza del porto è di quattro miglia: probabilmente si è formato in seguito a un terremoto che spalancò un baratro immenso e poi si riempì d'acqua. La profondità è tale e la costa così scoscesa che poche settimane prima del mio arrivo a Messina una nave inglese, mentre spostava la zavorra e si accostava per essere carenata, affondò a settanta braccia di profondità in prossimità di san Salvatore. I cronisti raccontano che il duca di Puglia e i Normanni sbarcarono dapprima su un isolotto davanti a Messina e che il duca giurò di far edificare una chiese in onore di san Salvatore se fosse riuscito nella sua impresa. Da questa cronaca si potrebbe supporre che allora il braccio non fosse unito alla Sicilia.

Vicino al faro si trova una specie di gorgo marino, che pare essere la Cariddi degli antichi. Io non notai niente di più di un'increspatura provocata dallo scontro della marea e delle correnti- I fondali dello Stretto sono bassi e pieni di scogli, ci devono essere quindi innumerevoli spuntoni e cavità che ostacolano e alternano il corso regolare delle correnti e provocano gorghi pericolosi sia col mare in tempesta che con la bonaccia; in questo caso le imbarcazioni potrebbero essere sospinte nella baia e trascinate tra le secche da cui non potrebbero disincagliarsi per la mancanza di vento. Mi pare evidente che il mare si sia aperto un varco attraverso il *Faro* molto più agevole e largo di quanto non fosse quando Omero compose l'Odissea, forse non molti secoli dopo che le onde avevano eroso l'istmo che collegava la Sicilia alla costa di Reggio. È possibile che a quell'epoca Scilla fosse davvero uno scoglio terribile e le secche sott'acqua, dove i flutti ancora bianchi di schiuma e agitati dalla resistenza che avevano incontrato a Scilla venivano incalzati e turbinavano, creassero un vortice incontrastabile a cui nessuna nave poteva sfuggire. L'azione alterna con cui inghiottiva e poi rigettava il relitto era simile a quella di un lago ai piedi di un'alta cascata: i tronchi d'albero che vengono trascinati verso il precipizio galla violenza di un torrente montano sono risucchiati e poi rigettati proprio nella stessa maniera. Ulisse poté aggrapparsi al suo albero di fico finché l'albero maestro non risalì dalle profondità al ritorno della marea e allora poté afferrarlo, anche se il poeta ha prolungato il tempo durante il quale Ulisse rimase attaccato all'albero oltre ogni limite probabile. Io credo sia chiaro dalla descrizione di Omero che Cariddi fosse quasi di fronte a Scilla, molte miglia a nord del luogo dove oggi sorge Messina. Il punto che vi corrisponde più esattamente è il *Pantano Grande*, un ampio specchio d'acqua sull'istmo di Capo Peloro chiuso oggi dalla sabbia, ma ancora comunicante col mare attraverso qualche passaggio sotterraneo, visto che le acque sono salate e il flusso e riflusso della marea sono sincronizzati con quelli dello Stretto. Abbonda di *purpurae* e di altri molluschi marini.

Prima che la sabbia fosse rigettata a riva da qualche terremoto che ha chiuso questo specchio d'acqua, probabilmente il *Pantano Grande* era il fondale di una piccola baia in cui, quasi come nel fondo di una rete, venivano sospinte dalla rapidità delle correnti le imbarcazioni che avessero avuto la fortuna di evitare Scilla. Queste correnti imperversano ancora all'ingresso del *Faro*, ma sono certamente meno violente di quanto non lo fossero quando il varco era più angusto. La marea è sempre avvertibile, tuttavia è stato osservato che è insolitamente forte tra la luna piena di dicembre e la luna nuova di gennaio. Il mare è allora così agitato dallo scontro e dai movimenti contrari delle maree e delle correnti da produrre gorghi innumerevoli che rendono molto pericolosa la navigazione nello Stretto. In quel periodo i pescatori temono di avventurarsi in mare o di provare a gettare le reti: gli stessi effetti si avvertono in minor misura nel solstizio d'estate. Questo stretto braccio di mare è anche molto agitato durante il periodo degli equinozi. Ci sono però due periodi, alla fine di febbraio o all'inizio di marzo e nella seconda metà di settembre o nelle prime settimane di ottobre, durante le quali la marea è quasi del tutto assente. Una calma assoluta regna allora sulla superficie del mare; tutto vi si riflette distintamente come in uno specchio e svanisce ogni rischio di vortici e correnti.

La parte interna di Messina è sporca, anche se vanta un numero considerevole di belle chiese e di grandi e solide abitazioni. La cattedrale è gotica, arricchita da mosaici saraceni sugli altari e i reliquiari, la fronte dell'altare maggiore in particolare è splendida Gagini ha abbellito il pulpito e alcune tombe con esempi eccellenti della sua arte.

Henry Swinburne, *Viaggio nelle due Sicilie negli anni 1777-1780,* a cura di Maria Grazia Nicolosi, La Spezia, Agorà, 2000, pp. 129-131.

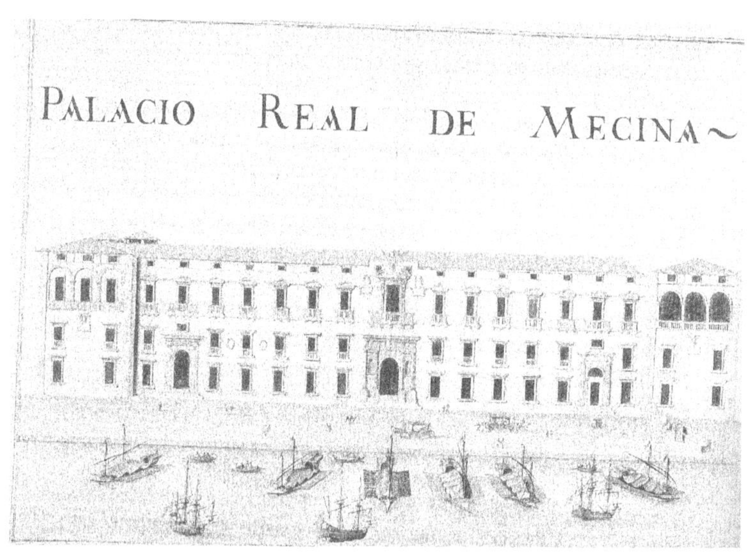

Il Palazzo di Messina nel 1686

Riedesel Von Joseph Hermann

Nacque nell'Assia nel 1740, sin da giovane si appassionò di archeologia divenendo amico di Winckelmann. Nel 1765 viaggiò per oltre sei anni per i Paesi del Mediterraneo, inclusa la Sicilia. Nel 1773 fu nominato ambasciatore a Vienna del governo prussiano, qui morì prematuramente a Vienna nel 1785. Il suo resoconto concepito in forma epistolare per il Winckelmann divenne una vera e propria guida per i viaggiatori incluso Goethe. Il tour iniziò il 18 marzo 1767 approdato a Palermo l'11 maggio e con lo Speronara traghettò lo stretto di Messina alla volta di Reggio, per proseguire il viaggio verso il Sud.

MESSINA, 1767- Il porto più bello e perfetto del mondo

Il posto é stupendo e il porto, famoso nel mondo, è eccezionale e impareggiabile. La natura sembra aver voluto mostrare all'arte che quello che essa fa è molto più perfetto e bello di quanto si possa fare con la fatica del lavoro. Un piccolo braccio di terra e sabbia che si estende a forma di semicerchio produce il porto più bello e perfetto del mondo. Qui migliaia di navi sono al sicuro da tutte le tempeste e da qui si possono raggiungere facilmente le case dei mercanti. Messina (*Messana, Zancle*) è molto decaduta se la paragoniamo ai tempi antichi; la mancanza di commercio e l'oppressione degli abitanti da parte dei reggenti sorto l'ultima ribellione. L'epidemia di peste che è scoppiata in questo secolo, nell'anno 1743, ha spopolato e sfibrato questa città. Adesso si contano 25.000 abitanti, mentre avrebbe dovuto essere così popolata come Palermo, se non di più.

Il suo Duomo è un edificio mediocre, anche se il pulpito di marmo fatto da Gagini, il migliore scultore siciliano, è ornato da bassorilievi di buon gusto. L'altare principale è uno dei primi lavori in pietra dura e presenta decorazioni di figure e fiori, tipica dell'arte chiamata fiorentina, dato che questo stile è stato inventato a Firenze e, ancora oggi, se ne continua la lavorazione nella Galleria. L'altare è un capolavoro fra tanto cattivo gusto. Nel coro c'è un pulpito di un siciliano di nome Guagliati, che è dipinto con molta cura e con molto fuoco. Il Maestro, in questa composizione, eguaglia il Tintoretto per la grazia dell'esecuzione. Nel tesoro del Duomo ci sono stupendi capolavori d'oro e d'argento, prodotti dallo Juvara così famoso a Roma. Egli era di Messina e si è portato così avanti con l'aiuto di nient'altro che il suo talento. Tra le altre chiese di Messina c'è quella di S. Gregorio in cui si può vedere il cattivo gusto di scuola napoletana, dove molte sono le dorature e i lavori in marmo in tutti i colori possibili. Lì dentro c'è anche una straordinaria copia dello stupendo S. Gregorio di Bologna. Degno di nota è il Convento dei Novizi dei Gesuiti, sia perché è in una bella posizione, sia perché possiede alcuni buoni dipinti di scuola romana (nessuno mi ha saputo dire il nome dell'artista).

Johann Hermann Riedesel, ne *La Sicilia dei Viaggiatori*, Catania, Maimone, 1998, p.15

Johann Wolfgang von Goethe

Nacque nel 1749 a Francoforte sul Meno. Dopo aver esercitato per qualche tempo l'avvocatura, ottenne rapida fama con la pubblicazione del romanzo *I dolori del giovane Werther*, in cui evidenziò magistralmente i rapporti dcll'individuo con il mondo socialc.

Nel 1775, divenne ministro e consigliere di Carlo Augusto. Lavorò alla stesura del *Faust*, in cui esaltò lo sforzo dell'uomo verso la verità fino alla morte avvenuta nel 1832.

Effettuò due viaggi in Italia nel 1786 e nel 1790. Goethe aveva trentasette anni quando si imbarcò per la Sicilia il 29 marzo 1787. Il suo soggiorno in Italia durò due anni di cui sei settimane in Sicilia. Egli scrisse dalla Sicilia agli amici dicendo di aver trovato la *urpflanze* cioè la pianta originaria. È qui che trovò quel punto di incontro tra il mondo umano e il mondo della natura. Celebre è anche l'espressione che dice: “Senza la Sicilia I'Italia non lascia un'impressione durevole nell'anima è in Sicilia che si trova la chiave di tutto”.

Il suo viaggio è come un vagabondare nel territorio siciliano: egli si nutrì di cibo semplice e frugale e non viaggiò in carrozza, ignorò la nobiltà palermitana e a Catania visitò solo la famiglia Biscari; amava piuttosto chiacchierare con la gente comune. Artista, scrittore e filosofo fu un attento osservatore, si interessò molto ai paesaggi ai tipi umani, all'arte e alle vestigia storiche. Il contatto con il mondo non tedesco fu per Goethe quasi una liberazione, e come ha scritto Thomas Mann: “al mondo mostra una faccia tedesca, ma alla sua nazione un volto europeo”.

Il suo libro fu steso trent'anni dopo, i ricordi riplasmarono l'immagine diretta e le impressioni immediate, tuttavia egli utilizzò fonti iconografiche di Saint-Non, Hoüel e del suo compagno di viaggio Kniep e si sforzò di mantenere l'impronta originale della sua esperienza sull'isola.

A bordo, martedì 13 maggio 1787

Saliti a bordo, tutto si rivelò assai diverso dalla corvetta di Napoli; ci distrasse nondimeno, man mano che prendevamo il largo, la stupenda vista sulla Palazzata, la cittadella e i monti sorgenti dietro la città dall'altro lato avevamo la Calabria. Poi lo sguardo spaziò libero nello Stretto da nord a sud, per un'ampia estensione di belle sponde d'ambo i lati. Mentre contemplavamo entusiasti quel panorama e i suoi aspetti sempre nuovi, ci fecero notare, alquanto lontano a sinistra, un certo vorticare dell'acqua, e più vicino sulla destra uno scoglio che spiccava netto contro la riva; il primo era Cariddi, il secondo Scilla. Questi due famosi fenomeni, così distanti l'un dall'altro in natura e che la poesia ha invece collocato così vicini sono stati la fonte d'aspre rimostranze sulle fanfaluche dei poeti, dimenticando che sempre l'immaginazione umana, quando vuol dare risalto a determinati oggetti, se li rappresenta piuttosto alti che larghi, perché in tal modo l'immagine acquista maggior carattere, gravità e decoro. Troppe volte ho udito lamentare che ciò che si conosce attraverso il racconto risulta deludente nella realtà, e la ragione non cambia: il rapporto tra fantasia e realtà concreta è il medesimo che tra poesia e prosa; la poesia penserà sempre il proprio oggetto imponente e aderto, la prosa tenderà ad espanderlo in larghezza. Il paragone più calzante ci vien dato dal rapporto tra i pittori paesaggisti del Cinquecento e quelli del nostro tempo. Basterebbe porre un disegno di Jodocus Momper di fronte a un bozzetto di Kniep per farsi un'idea adeguata del contrasto.

Passammo il tempo discorrendo di questi e simili

argomenti, poiché lo stesso Kniep, che già s'era preparato a disegnare le coste, non le trovava mai abbastanza pittoresche.

Io invece fui ripreso dalla sgradevole sensazione del mal di mare, e il disagio stavolta non era attutito, come nel viaggio d'andata, da un comodo isolamento; sotto coperta, però, lo spazio era abbastanza grande da accogliere parecchie persone, e non mancavano buoni materassi. Ripresi la posizione orizzontale e Kniep mi assisté premuroso recandomi vino rosso e buon pane. Da disteso, il nostro viaggio siciliano non mi appariva affatto in luce lusinghiera. In verità, tutto ciò che avevamo veduto erano stati i vani sforzi del genere umano per difendersi dalla violenza della natura, dalla perfida insidia del tempo, dall'infuriare di accanite discordie intestine. Cartaginesi, Greci, Romani e quant'altri mai popoli dopo di loro, hanno costruito è hanno distrutto; Selinunte ci si presenta come uno sconquasso metodico; non son bastati due millenni ad abbattere i templi di Girgenti, ma ci son volute poche ore, se non secondi, per distruggere Catania e Messina. Codeste stomachevoli meditazioni d'un cervello sballottato su e giù dai frangenti della vita non riuscirono tuttavia a sopraffarmi.

Wolfgang Goethe, *Viaggio in Italia*, (traduzione italiana a cura di Emilio Castellani), Milano, Garzanti, 1998 , pp. 348-49.

Charles Didier

Scrittore svizzero-francese, Didier, appartenne alla generazione romantica. A soli 22 anni fu attratto dal mito dell'Italia e nel 1827 decise di intraprendere il viaggio nella penisola. Fu nel 1829 che il suo girovagare lo condusse in Sicilia. Nel 1830 si recò in Francia dove s'impiegò presso la "*Revue des Deux Mondes*" e la "*Revue Encyclopédique*", e in queste riviste pubblicò nel 1831 i primi articoli sull'Italia. Ma fu soprattutto l'Italia che gli ispirò pagine di prosa descrittiva: *Rome souterraine* (1833), *Les Amours d'Italie* (1859), *Caroline en Sicile* (1844-45), *Campagne de Rome* (1842) riprendono motivi di vita e di poesia della natura e del folklore del Lazio, della Calabria e della Sicilia. Personalità irrequieta, controversa, romanticamente melanconica, dagli amori (per George Sand) drammatici e dalle tormentose insoddisfazioni per una vita mediocre

La Sicilia e la Calabria. 1686

Quando la cecità gli impedì di intraprendere la via dell'Oriente,

dopo lunghe sofferenze, stroncò la sua esistenza con il suicidio, avvenuto nel 1864 a Parigi.

Messina (1829)

Messina è una città di cinquant'anni. L'ultimo terremoto, nel 1783, l'aveva distrutta quasi da cima a fondo, ed era il quinto o sesto che essa subiva nel corso del secolo. La città è uscita a poco a poco dalle sue rovine; nuovi edifici sono stati costruiti al posto dei vecchi, ma il terrore del disastro è impresso dappertutto. Le case ricostruite sono basse, nessuna supera i due piani; si vedono ancora in una delle estremità della città piccole baracche di legno che sono servite da rifugio agli abitanti al momento della catastrofe, e che, dato che questa si ripete, sono destinate ad essere utilizzate di nuovo.

Il terremoto non ha cambiato soltanto l'aspetto fisico di Messina, ma ha provocato una rivoluzione nel suo commercio e nella sua ricchezza. Fino ad allora Messina era considerata una delle città più attive e più ricche d'Italia, oggi non è più così. Il suo commercio è molto decaduto, e, malgrado la franchigia accordata al porto, essa non ha potuto riconquistare la posizione che aveva; anche la popolazione è scesa al disotto di 75.000 abitanti.

Così com'è, tuttavia, Messina ha un aspetto vivo ed allegro. Le strade sono larghe, ariose, e sembrano ancor più grandi grazie alla altezza limitata delle case. Il solo monumento da vedere è la cattedrale, anche se è una costruzione senza unità: essa è infatti un centone di tutti gli stili, dal gotico del XII secolo al rococò del XVIII. La sua decorazione più bella è costituita da una doppia fila di colonne di granito egiziano trasportate là, si dice, dall'antico tempio di Nettuno; la loro purezza severa e nobile contrasta con le dorature pesanti e massicce degli altari, e tutto questo insieme di pezzi di diversa provenienza e discordanti è poco piacevole all'occhio. Il tempio è consacrato alla Madonna della Lettera, così chiamata dalla lettera che Essa scrisse dal cielo ai Messinesi. “Avrebbe fatto meglio, diceva loro il viceré Osuna[1], a mandarvi una buona lettera di credito".

Malgrado le esagerazioni dell'orgoglio municipale, non si può citare una sola delle costruzioni moderne che abbia pregi particolari; tutte, d'altronde, sono tinteggiate di color giallo il cui effetto è detestabile. Avendo il viceré annunciato la sua visita, l'intendente (prefetto) non badò a spese per riceverlo degnamente, e non trovò nulla di meglio che di far pitturare color ocra tutta la città, perfino le colonne di marmo. /…/

Messina non ha più filosofi, non ha più pittori ne poeti, ma la natura in essa è ancora stupenda come nei suoi giorni più belli. Con i piedi immersi nelle acque del Faro, la città si innalza ad anfiteatro sui fianchi di una montagna dove la vegetazione meridionale risplende in tutto il suo fasto, coronandola con una ghirlanda eternamente verde che gli inverni non riuscirebbero ad avvizzire.

Vagando un giorno per le strade ed i crocicchi, il mio viaggio di scoperta mi condusse ai piedi di una chiesa il cui aspetto moresco mi colpì. Vi salii: era il monastero di S. Gregorio. Da vicino l'effetto cambia, e trovai soltanto un campanile borro miniano a chiocciola come la Sapienza di Roma. Ma dallo spiazzo antistante il panorama è divino: si plana dall'alto sulla città, si dominano le sue strade, le sue piazze, i suoi giardini; si respira il profumo dei suoi aranci. E questo bel porto dalla curva tanto dolce, questo mare così blu, questa costa della Calabria così severa e così estesa, tutti gli splendori di questa natura semi-europea e semi-africana si spiegavano davanti a me immersi in un'aria trasparente, inondati da un sole d'oro. Alcune vele argentate animavano il Faro; una processione sfilava sulla spiaggia.

I panorami della montagna non sono inferiori a quelli della marina: i ciuffi di ginestra, l'oleandro, il cactus, serpeggiano lungo i burroni e formano festoni di verde e di fiori. Più in basso l'ulivo, il mirto, l'aloe, disputano il terreno alle fattorie, agli eremi e perfino

---

[1] Pietro Téllez Giròn (1574-1624), statista spagnolo, il più noto dei duchi di Osuna, fu vicerè di Sicilia (1612-1616) e di Napoli.

alla periferia della città. A questo spettacolo manca soltanto l'Etna.

Ridiscesi nel cuore della città attraverso una serie di stradine ripide e tortuose dove la miseria ha piantato la sua bandiera. Lì ci si potrebbe credere all'indomani del terremoto, talmente i muri sono pieni di crepe e le case in disordine. Consumate dal sole e dalla fatica, le donne perdono presto la grazia del loro sesso, ed i loro grandi occhi neri scintillano di uno splendore ardente. Il manto indigeno con cui esse si avvolgono dà loro, da lontano, un aspetto lugubre: si direbbero delle zingare. Il manto siciliano è un grande velo scuro, di seta per le ricche, di sargia per le povere, che le avvolge dalla testa ai piedi, e lascia vedere soltanto gli occhi; è l' "haik" delle donne more. Le ragazzine portano talvolta il manto bianco, ma il nero è il colore sacramentale.

Gli uomini non hanno per nulla un aspetto migliore di quello delle donne; vestiti di stracci e sdraiati sulla soglia delle chiese, essi richiamano alla mente, senza averne né la fierezza né le proporzioni antiche, i bei mendicanti romani del Campidoglio e della Piazza del Popolo. L'abitante della marina è meno ozioso; è occupato dalla pesca, e la sua barca intrepida affronta in qualsiasi stagione le insidie di Cariddi e di Scidda.

La pesca del pesce spada è la principale attività di questi posti. È una caccia più che una pesca, con conseguenze talvolta tragiche; la spada di cui è armato l'animale è così forte da poter trapassare da parte a parte sia la barca, sia coloro che ci sono sopra. Questa pesca è fatta ancora oggi così come viene descritta da Polibio, e, cosa singolare, parecchie parole greche sono rimaste nei segnali che i pescatori si scambiano tra di loro.

Lo stesso nome di reuma, che essi danno al flusso e dal riflusso dello stretto, è una parola greca.

Messina è una delle età elleniche, anche se fu una delle prime colonie greche fondate sulle coste della Sicilia. Il suo nome primitivo era Zancla (Zancle), che vuol dire falce; essa lo doveva alla forma del suo porto, che era stato creato dalla falce che Saturno aveva lasciato cadere dal cielo. Tutte le irregolarità del paesaggio erano state così poetizzate dalla mitologia pagana. Il capo Peloro, oggi capo Faro, era stato consacrato al dio mare da Orione, il cacciatore gigantesco; le greggi di Ercole pascolavano là; le figlie del Sole vi custodivano quelle del loro padre, ma i templi sono scomparsi assieme agli dei che li abitavano, e i terremoti hanno sepolto anche gli ultimi resti.

Francesco Calì, *La Sicilia di Charles Didier, sogno e incanto di un viaggiatore romantico*, Bonanno Editore, Acireale, 1996, pp. 41-46.

Élisée Reclus

Geografo francese (1830-1905). Esiliato nel 1851 in seguito al colpo di stato di Napoleone III per i suoi ideali anarchici, intraprese lunghi viaggi in Europa, negli Stati Uniti e in Colombia, dove iniziò studi scientifici.

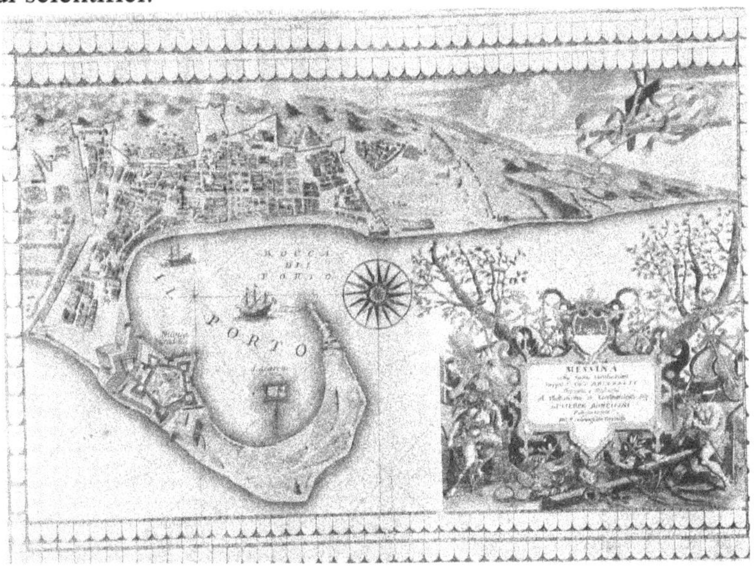

V. Coronelli, Messina con le nuove fortificazioni dopo l'anno 1627.

Grazie ad una amnistia rientrò in patria e pubblicò alcune opere ma nel 1872 fu nuovamente esiliato per aver partecipato ai moti del Comune, riparato in Svizzera pubblicò la *Nouvelle géographie universelle* si stabilì quindi in Belgio dove attese la pubblicazione de *L'homme et la terre*.

Il viaggio in Sicilia iniziò nella primavera del 1865 arrivò da Napoli, giunse a Palermo, poi in diligenza fino a Cefalù poi a dorso di mulo fino a Milazzo, quindi con la carrozzabile i paesi del circondario e col vaporetto le isole Eolie; quindi a Messina, il cui rapporto non fu felice, la trovò sporca e abitata da gente indolente ed incolta. Proseguirà poi il viaggio verso il sud della Sicilia.

Il volume *Le Mont Etna et l'eruption de 1865* fa parte del *"Revue des deux Mondes"*, Parigi 1865

Messina (1865)

Finalmente la via giunge sul più alto vertice detto della Scala, e d'improvviso e la scena si trasforma. Abbassando lo sguardo appare un abisso, dal di cui fondo si diramano collinette a punte inghirlandate di pini. La città di Messina, cinta di fortezze e di conventi, si distende sulla spiaggia come un rilievo in miniatura, specchiando nelle onde azzurre la graziosa penisoletta in forma di falce che le valse il nome greco do Zancle al sud il mare Jonio si va a perdere nell'orizzonte; a settembre il famoso stretto del Faro, che dal saggio di Ulisse in poi fu sfidato da tanti nocchieri, somiglia ad un largo fiume. L'occhio del riguardante lo comprende tutto insieme colle increspature e le agitazioni delle correnti. Vicino alla punta sabbiosa del Faro si distinguono i flutti spumanti di Cariddi e la battaglia dei marosi che si sospingono o vuoi nel canale o vuoi ai suoi sbocchi. I battelli a vapore, lasciandosi dietro una lunga orma biancheggiante nel mare ed un'ampia striscia nerastra di fumo per l'aria, passano attraverso a una folla di piccole navi a vela che sembrano lentamente vaganti in balia del mare. Sulla riva opposta si confondono in una continuata fila di case splendenti al riflesso del sole, città e villaggi, Reggio, San Giovanni, Scilla, Bagnara: ma sul leggiadro contorno delle ville e dei giardini giganteggiano severe montagne dirupate e scoscese; cento burroni verticali solcano come le pieghe di un mantello, la massa rosseggiante di Aspromonte, resa eternamente celebre dalla dolorosa epopea della quale fu teatro. Fra i due lidi il contrasto è marcatissimo. Dal lato della Sicilia la catena dei Pelori mostrasi tutta ispida di comignoli a punta. Ha i suoi dorsi rivestiti di verdeggianti arboscelli e di fioriti cespugli, mentre dal lato del continente si erge una montagna arida, triste, monotona. Quanto l'aspetto dei monti siciliani è ameno e pittoresco, altrettanto l'estremo promontorio dell'Europa continentale appare formidabile e austero.

Eliseo Reclus, *La Sicilia e l'eruzione dell'Etna nel 1865*, B&B San Giocanni la Punta (Catania), p. 59.

Gaston Vuillier

Nacque in Francia nel 1846, fu un pittore di genere paesaggista ed illustratore di grandi opere quali ad esempio *Le Tour du Monde* e *Le Monde illustrè.* Fu anche autore di libri di viaggio. Effettuò il viaggio in Sicilia nella primavera del 1893 e a associò alle descrizioni numerosi disegni portati subito a termine. Gli originali erano degli acquerelli che sono andati dispersi; restano tuttavia le incisioni della prima edizione del libro. L'impatto con l'isola, conosciuta solo attraverso "immagini", fu all'inizio una delusione, ma presto gli apparve "in tutta la sua selvaggia bellezza". A Palermo incontrò casualmente il Pitré che lo guidò attraverso la scoperta della città nei suoi aspetti più poliedrici e suggestivi. All'amico etnologo dedicò il testo di Memorie di viaggio: "Una pena infinita segue sempre il viaggiatore, la vita del quale si sminuzza a secondo la via che percorre... una frase del gran Flaubert mi cade involontariamente dalla penna, poiché anch'io come lui ho provato lo stordimento di paesaggi e delle rovine, l'amarezza delle simpatie interrotte". A Messina osservò i tesori d'arte, girovagò a lungo per le strade, fece anche una gita in barca a Ganzirri. Interruppe la sua residenza messinese per una breve escursione in vaporetto alle Eolie, poi fece ritorno a Messina. Da qui proseguì per Siracusa.

La prima edizione *Impression du présent et du passé* fu edita a Parigi da Hachette nel 1896; l'anno successivo si ebbe la prima edizione italiana edita a Milano dai fratelli Treves.

Vuillier morì nel 1915.

Messina (1893)

Il porto di Messina, uno dei più larghi e sicuri del Mediterraneo, è in Sicilia il porto commerciale per eccellenza; esso è protetto da una diga semicircolare, naturale, detta il Braccio di Raniero. Si erge colà la cittadella costruita nel 1680 per ordine di Carlo di

Spagna, dopo una lunga rivolta con gli abitanti.

Secondo Tucidide, i Siculi avrebbero edificato su quella diga la loro città, chiamandola come abbiamo già detto, Zancle o "falce".

Dicono che sullo stretto si veda spesso il fenomeno del miraggio; questo si produce un po' prima della levata del sole, specialmente durante i calori estivi, quando la calma succede ad un vento impetuoso. Ne fanno menzione Plinio e Pomponio Mela, come pure la maggior parte degli autori moderni.

Io ho gironzato sulla spiaggia per due mattine all'alba, senza avere la soddisfazione di goder lo spettacolo della *fata Morgana*, nome dato dalla gente del paese a questo fenomeno. Esso consiste nell'apparizione di figure straordinarie che vagano all'orizzonte, di paesaggi abbozzati, di città fantastiche che si innalzano a un tratto: è insomma tutto un incantesimo che riempie il cielo momentaneamente, come succede in tutti i *miraggi.*

Gli abitanti delle spiagge di Calabria e della Sicilia, sempre innamorati del meraviglioso, come i loro avi greci, dicono che la *fata Morgana* fa apparire i suoi palazzi aerei ai naviganti inesperti per ingannarli; poiché essi credono di approdare a Messina o a Reggio. Naufragano sulle coste e cadono in potere di lei.

Tale fenomeno si produce, pure in Sicilia, verso Mazzara, dove prende il nome di *Città di Fra Lucchinu.*

Nello Stretto poi trovasi un pesce singolare, il quale ha attirata l'attenzione dei naturalisti: è la medusa. Io cerco invano la ragione di questo nome, poiché quella massa informe, gelatinosa, che si squaglia in mano, non somiglia affatto alla testa di Medusa. Si attribuisce a questo straordinario pesce la proprietà d'emanare una luce fosforescente che lo tradisce ad una profondità di 20 o 30 piedi e quindi conserva per un pezzo anche dopo pescato.

Lo stretto di Messina è pieno di leggende e i palombari di quella regione sono rinomati per la loro audacia. Si parla ancora di Cola, soprannominato il *pesce*, il quale poteva restar a lungo sott'acqua e che tre volte scese in fondo alla voragine di Cariddi, dove finalmente annegò, per andarvi a prendere una coppa d'oro gettatavi dal re Federigo di Sicilia. Questa morte dette a Schiller il tema della sua ballata: il Marangone.

È caratteristica l' impressione che produce Messina, veduta dal mare, con la sua forma d'anfiteatro, le sue cupole, i suoi campanili, i monti che le fanno cintura, sui quali risplendono, attraverso i boschi le ville bianche, con un coronamento di vecchie fortezze. E anche quella lunga e regolare sfilata di fabbriche, tutte dello stesso stile, detta La *Palazzata*, che trovasi lungo il mare, è piuttosto grandiosa.

Dopo aver passeggiato ore e ore in riva al mare e per il corso Garibaldi, via aristocratica ed elegante, mi smarrii su per i poggi che circondano Messina.

Giunsi alla villa Guelfonia, posta, dicesi, sul luogo dove sorgeva l'antica cittadella dei Mamertini, dove si vedono i resti della torre di Matagrifona, costruita da Riccardo Cuor di Leone.

In queste passeggiate vedevo sempre, da qualunque altezza, traverso il verde, lo Stretto, fiancheggiato dai monti di Calabria e inondato da un grande scintillio di luce e di sole.

Quante ore passavo così, all'ombra di un ulivo, cogli occhi fissi in lontananza, in quell'altra terra così vicina a questa e che tanto volentieri avrei pure percorsa!

Non è l'Italia incantevole e bella che tutti noi conosciamo quella là, bensì un suolo che rammenta la

Grecia, col proprio aspetto e con lo splendore della vivida luce. È l'antico Bruzio, popolato un tempo da pastori divenuti formidabili per la loro ferocia.

Quando Roma era ancor nascente, alcuni coloni ellenici d'origine dorica e achea, portarono su quelle spiagge la civiltà del loro paese e fecero chiamar la contrada col nome di Magna Grecia. E fu davvero, allora, una terra privilegiata, in cui brillarono le arti, le lettere e la filosofia. Si dice che il merito delle legislazioni contribuisse molto a render celebri le città della Magna Grecia. La troppa raffinatezza di quella civiltà produsse in seguito mollezza, depravazione e anarchia; l'effemminatezza di Sibari e di Taranto divenne proverbiale dei due Dionisi e d'Agatocle, caddero sotto il dominio dei Romani.

L'influenza greca diminuì e, dice Strabone, tutto il paese divenne barbaro, cioè estraneo ai Greci.

La storia delle città greche dell'Italia meridionale è pochissimo conosciuta, le autorevoli testimonianze letterarie son rare su questo soggetto e le iscrizioni mancano. I fatti più rilevanti sono stati ricavati dallo studio delle medaglie. Il passato de' tempi greci di Taranto, Eraclea, Sibari, Tursio, Crotone e Caulonia, è quasi oscuro.

La Calabria dopo gli antichi splendori, fu più volte percossa dal più tremendo dei flagelli, il terremoto. Vi furono scosse improvvise, che nulla faceva prevedere, perché nessun segnale annunziante, le quali rovesciarono città intere senza dare il tempo agli abitanti di mettersi in salvo con la fuga.

Ora è regione povera, sconvolta, ma grazie alla fertilità del suolo, vi verdeggiano qua e là delle oasi.

Reggio scintillava ancora di là dello stretto, traverso i boschi d'aranci, quella città è in una posizione veramente amena, contornata di colline coperte di oleandri e di ginestre odorose. Le acque che scendono con abbondanza dalle alture scavano un po' la sabbia della riva, ove scaturiscono delle sorgenti. nei fertilissimi dintorni di Reggio, trovansi ricche piantagioni d'agrumi; ma i monti che dominano quelle stupende campagne sono aridi, e regna in essi la stessa miseria che affligge i monasteri siciliani...

Gastone Vuillier, *La Sicilia impressioni del presente e del passato,* edizioni Grifo, Palermo, 1995, pp. 373-375

Il pescatore di pescespada. Vuillier 1893

Antoine Dry, pseudonimo di William Fleury

Visconte francese, tenente colonnello, , nato nel 1857 morto dopo il 1906. Sue opere: *Vers l'Occidente, Nord du Maroc, Andalousie,* Lisbona, 1899; *Reims en 1814 pendant l'invasion,* 1902; *soldats ambassadeurs sous le Directoire,* 1906 ed altre pubblicazioni a carattere militare.

Dry effettua il tour via terra nel 1901 rimanendo diversi giorni nelle più importanti città: Messina, Catania, Siracusa, Agrigento, Palermo, Lipari, Taormina, paesi etnei, Enna, Caltanissetta, Palermo, Trapani, Marsala.

Pubblicò le sue memorie di viaggio in Sicilia nel volume *Trinacria.* Riportiamo le sue impressioni dalla Calabria e da Messina:

Messina vista dalla Pizzo (1901)

È spuntato il sole e i contorni dei monti siciliani si stagliano nettamente, già immersi nella luce, mentre l'Aspromonte ci fa ombra; ecco apparire l'antico castello di Scilla, che domina i flutti azzurri, costruito su uno sperone di aspetto inquietante, cantato da Omero; ai suoi piedi vi è una bianca e tranquilla cittadina.

Adesso si distingue chiaramente la linea dello Stretto che il treno segue da Villa San Giovanni fino a Reggio. Di fronte a noi appare Messina che sembra immensa e i cui lontani sobborghi si insinuano gradevolmente tra le montagne, in mezzo ad una fitta vegetazione.

Nel porto, dall'aspetto splendido con i suoi moli colossali e la sua potente cittadella, si vedono numerosi velieri alla fonda. Delle navi a vapore lanciano verso il cielo i loro pennacchi di fumo. Un grande piroscafo ha appena superato Capo Faro e si dirige verso Oriente attraverso il canale di Sicilia. Dietro i velieri si scorge una linea indefinita di palazzi che costeggiano le banchine del molo, mentre verso sud le alte ciminiere fanno pensare all'esistenza di industrie in attività.

Infine, per illuminare la scena che di per sé è splendida, il sole ormai alto sull'orizzonte invia la sua luce cruda, bianchissima, che attenua la foschia del mattino.

Così dieci anni fa mi era apparsa Messina dal ponte della nave che mi conduceva ad Alessandria. E così dalle coste della Calabria, ancora una volta, la città si è presentata ai miei occhi.

Prima di sbarcare sul molo, ci tengo ad informarvi dei miei programmi di viaggio.

Non ho seguito il percorso arcinoto della Sicilia per cercare in loco degli argomenti a favore o contrari alle teorie che circolano sull'isola, né per fare un grande reportage o raccontare con umorismo le mie piccole avventure personali; benché abbia spesso attraversato l'Italia in lungo e in largo, è la prima volta che oltrepasso la Calabria per venire semplicemente a 'passeggiare' con la ferma intenzione di osservare bighellonando, vedere quanto più è possibile e quanto meglio possibile ed annotare con sincerità le mie impressioni.

Messina e i Messinesi

Il grande *ferry boat*, per il tragitto da Reggio a Messina, impiega meno di un'ora per attraversare lo stretto e raggiungere, accanto alla cittadella, la stazione di testa delle ferrovie siciliane, Messina porto. Là, due treni espresso attendono, pronti a partire, uno per Palermo, l'altro per Catania. Ciò ricorda vagamente l'arrivo a Calais quando si proviene da Dover; come a Calais, molti viaggiatori 'bruciano' il porto di sbarco e partono direttamente per le grandi città.

Mi separo da quasi tutti i miei compagni di viaggio e prendo congedo dal russo e dal siciliano di cui vi ho già parlato. Così come si fa di solito all'estero, ci scambiamo i biglietti da visita e su quello del brillante conversatore che ritornava dalla Cirenaica leggo:

Marchese di S...[2]
Deputato al Parlamento

I nostri addii non sono d'altronde definitivi, poiché il mio nuovo amico mi ha gentilmente invitato ad andarlo a trovare a Catania (che egli rappresenta a Montecitorio) e gli ho promesso una visita.

Devo dire che la mia prima impressione sull'isola è stata deludente e mi sono chiesto perché mai, come tanti altri, non avessi 'bruciato' anch'io Messina. Le strade che ho percorso per recarmi all'albergo sono piuttosto deserte, strette e anonime, senza caratteristiche specifiche, senza monumenti, senza ricordi. I palazzi che due ore prima facevano un così bell'effetto dalle coste della Calabria sono quasi abbandonati, in parte in rovina, e servono da uffici per le compagnie marittime o per le banche. Alcuni sono stati trasformati in alberghi ed è esattamente in uno di questi che entro. Le stanze hanno mantenuto l'aspetto di vecchie dimore, con soffitti sorprendentemente alti e

---

[2] Si tratta del marchese Antonino Paternò Castello di San Giuliano (1852-1914) che fu sindaco di Catania dal 27 novembre 1879 al 25 marzo 1882.

bei balconi sul mare. Da questi balconi, che dominano il porto con il suo intenso movimento, l'impressione è nettamente migliore: tutta la vita della città si concentra sui moli brulicanti di gente. Con le sue lunghe linee di navi, con il rumore dei rimorchiatori, le barche che solcano la rada e la folla dei facchini e dei mozzi che caricano e scaricano i bastimenti, Messina sembra una grande città commerciale e i suoi moli, con tutte quelle persone che lavorano e si agitano, hanno l'aspetto di un immenso alveare. Senza lasciare il mio balcone, faccio presto conoscenza con i tipi caratteristici del luogo: venditrici di uova con vestiti e cuffie bianche che le fanno somigliare alle donne arabe, mercanti di orci enormi, scaricatori con orecchini dorati ed anche scrivanie, esposti al vento, dinanzi ai palazzi. Scendo sul molo e sono immediatamente assalito da importuni che vengono ad offrirmi i loro servizi come 'ciceroni'. Sono tutti scalzi: la bambina dagli occhi neri che offre rose d'autunno, il marinaio che vuole a tutti i costi trascinarmi nella sua barca, il bambino che vuole afferrare il mio soprabito.

Ad ogni passo si incontrano persone gentili pronte a farvi da guida.

Riconoscono subito lo straniero, lo seguono, lo tormentano, gli raccontano un mucchio di cose, gli fanno delle proposte di ogni genere e la conversazione di solito si conclude con il gesto tipico, in tutti i paesi del mondo, di chi chiede la carità.

Tutto sommato qui ho visto pochi mendicanti, meno che a Napoli.

Messina è una città attiva, in cui non si rimane ad oziare sotto il sole ed i veri mendicanti sono in buona parte spariti. Erano trentamila nel 1826, secondo le stime dei viaggiatori; oggi sono soprattutto importuni che, tendendo la mano, chiedono semplicemente la ricompensa per dei servizi che possono 'offrire' ed il loro gesto non è del tutto privo di orgoglio.

William Fleury, *Trinacria, Passeggiate ed impressioni siciliane* (traduzione italiana a cura di Concettina Rizzo), La Spezia, Agorà edizioni, 2002, pp. 5,6,8,9.

Bernard Berenson

Storico dell'arte americano, di origine lituana, fu uno dei maggiori studiosi del Rinascimento italiano, nacque a Vilna nel 1865, ma emigrò a dieci anni in America. Laureatosi ad Harward perfezionò quindi gli studi in Europa; si stabilì definitivamente a Firenze ove morì nel 1959. Il viaggio in Sicilia fu compiuto nella primavera del 1953, ma vi era già stato nel 1888 e nel 1908. Vi giunse in treno da Napoli e per tutto il viaggio i suoi interessi confluiranno sul periodo Rinascimentale.

Messina, 20 maggio 1953

Questa città è ora piena di vita e di trambusto come tanti altri capoluoghi di provincia in Italia. Strade larghe, edifizi ispirati da una esposizione di architettura. Vi prevale una certa gaiezza, la vista del mare e la brezza marina. Tuttavia, io, penso nostalgica mente alla Messina che visitai per la prima volta nel 1888, con il suo nobile lungomare, detto "La Palazzata" e con vie parallele a questo, fronteggiate da palazzi o palazzetti di buona linea. Tutte le loro finestre avevano un balcone, e ogni balcone era racchiuso in una gabbia di ferro battuto e dorato. Il lastrico delle strade s'incurvava dai lati verso il centro per facilitare lo scorrimento dell'acqua piovana. Di quella Messina, allora ricca: chiese e monumenti, che cosa c'è rimasto? Ben poco: la piccola, ma squisita Chiesa di Catalani; la grandiosa fontana del Montorsoli, la più bella, direi, che in questo genere si veda in Italia o altrove; e alcune parti dell'antica Cattedrale, per lo più pesantemente e pomposamente restaurata.

A proposito della fontana del Montorsoli mi colpisce il fatto curioso che non esista, almeno a mia conoscenza, una monografia che la riproduca in tutti i suoi elementi e dia un adeguato rendiconto della sua storia. Eppure, essa offre un repertorio di motivi michelangioleschi come non è trovabile altrove, quando si eccettuino i lavori di Michelangelo stessi. Ma prescindendo dalla sua importanza nella storia dell'arte italiana, si tratta di un'opera di considerevole merito tanto nell'insieme, per disegno e composizione, quanto per i suoi piacevoli e spesso finissimi particolari.

Un gran numero d'interessanti sculture di tarda antichità, medievali., rinascimentali e barocche, e di frammenti architettonici, salvati tra i rottami di chiese e conventi distrutti dal terremoto, sono ora in via di riordinamento al Museo Nazionale. Questo è stato ingrandito e allogato in un vecchio edifizio monastico, che ha un bel chiostro, nella parte settentrionale della città, in riva al mare. vi si trovano anche parecchi quadri, tra cui i due famosi del Caravaggio e altri dovuti ai suoi stretti seguaci.

"Visitando Messina" da: *Viaggio in Sicilia* (a cura di Concettina Rizzo), AS, S.M.di Licodia , 1996, pp. 30-31

Edmondo De Amicis

Scrittore di fama mondiale. Partecipò alla battaglia di Custoza e alla presa di Roma, in qualità di Ufficiale ed esordì con racconti di guerra raccolti in *La vita militare* (1868). Congedatosi iniziò a viaggiare e scrivere resoconti dei suoi viaggi, che ottennero notevole successo di pubblico. Il successo internazionale gli venne con il romanzo *Cuore* (1866). Aderì al socialismo e nella maturità si volse anche ai problemi sociali e pedagogici. De Amicis visitò per la prima volta la Sicilia nel 1865 impegnato nella guerra contro l'Austria e vi ritornò, da viaggiatore, dopo quaranta anni. Scrisse i *Ricordi d'un viaggio in Sicilia* nel 1906 che fu pubblicato l'anno della sua morte nel 1908.

Non avevo più visto la Sicilia da quarant'anni, niente di meno: dall'anno di grazia 1865,nel quale avevo fatto la mia prima guarnigione, come si dice in linguaggio militare, nella città di Messina, di dove ero partito col mio reggimento nell'aprile del 1866 per la guerra contro l'Austria. E fu appunto Messina la prima città che rividi venendo da Roma: con quale, possono immaginare tutti coloro che hanno rivisto dopo circa un mezzo secolo una regione della patria, a cui erano legati dai più cari ricordi della prima giovinezza.
Quali mutamenti in questi quarant'anni! Basta dire che nel 1865 non c'era ancora in tutta l'isola un chilometro di strada ferrata in servizio. Si stava costruendo quella da Messina a Catania, e ricordo bene le grida di meraviglia con cui le contadine messinesi, dai colli circostanti alla città, salutavano le prime macchine a vapore messe in esperimento sulla linea, lungo la riva del maie. Ora, venendo dal continente, si attraversa lo stretto senza discendere dai vagoni ferroviari, che sono trasportati da una riva all'altra sopra un piroscafo. Le piccole città e i villaggi della coste calabrese si sono ingranditi per modo che formano quasi una sola enorme macchia biancastra da San Giovanni a Reggio. Messina s'è innalzata su per i graziosi colli conici che

le sorgono da tergo, ed ha allungato le sue grandi ali bianche lungo il mare lino a perdita d'occhi. La mia antica piazza d'armi è scomparsa sotto un nuovo quartiere elegante e ridente; le antiche vie, che già erano ariose e linde, si sono arricchite di botteghe splendide: le piazze si sono ornare di palme; la luce elettrica brilla da ogni parte; i tramway percorrono l'interno della città e si spingono fuori fino al Faro, distante dal centro parecchie miglia; e il movimento della popolazione, specialmente sulla grande strada della Marina, su cui si stende una lunga schiera di grandiosi edifizii uniformi, è pari- in apparenza- a quello delle più popolose e floride città marittime del continente.

Eppure all'apparenza non corrisponde la realtà. La bella Messina, privilegiata da una delle più favorevoli situazioni geografiche del mondo, dove due mari si congiungono, posta quasi a contatto dell'Italia continentale e dotata di un vasto e sicuro porto naturale, è piuttosto in decadenza che in via di incremento. Una parte della corrente vitale le è stata detratta dalla vicina Catania, dove sorge un'attività industriale che le manca, e da quella stessa piccola città di San Giovanni, che le sorge di fronte sulla costa di Calabria, e che non era al tempo della mia giovinezza che un piccolo villaggio.

Edmondo De Amicis, *Ricordi d'un viaggio in Sicilia*, Arnaldo Lombardo Editore, Palermo, 1999, pp.21-22

Bibliografia

- Henry Clark Barlow, *Una escursione in Sicilia-1843*, Caltanissetta, Arnaldo Lombardi Editore, 1989.
- William Henry Bartlett, *Pictures from Sicily*, London, Arthur Hall, Virtue and Co., 1859.
- Pietro Bembo, *De Aetna*, (testo, traduzione e note di Enzo Alfieri), Palermo, Sellerio editore, 1981.
- René Bazin, *Sicile -Croquis italiens*, Paris, Calmann Lévy, 1893.
- Bernard Berenson, *Viaggio in Italia*, Milano, Electa, 1955.
- Michael Johann Borch, *Lettres sur la Sicile*, Torino, 1782.
- Bourquelot e Reclus, *La Sicilia. Due viaggi di F. Bourquelot ed E. Reclus*, Catania, Dafni, 1987.
- Patrick Brydone, *Viaggio in Sicilia e a Malta (1770)*, (traduzione italiana a cura di Marenco Zuppelli) Milano, Longanesi, 1968.
- Patrick Brydone, *A Tour through Sicily and Malta*, London, Straman and Cadeil, 1773.
- Francesco Calì, *La Sicilia di Charles Didier -Sogno e incanto di un viaggiator romantico*, Acireale, Bonanno, 1996.
- Edmondo De Amicis, *Ricordi di un viaggio in Sicilia*, Catania, Giannotta, 1908.
- Salvo Di Matteo, *Viaggiatori in Sicilia dagli Arabi alla seconda metà del XX secolo*, Palermo, ISSPE, 1999.
- Achille Etienne Gigault De La Salle, *Sicilia,* Palermo, La Ginestra, 1989.
- Dominique Vivant-Denon, *Settecento siciliano*, (a cura di A.Mozzillo e G.Vallet), Palermo-Napoli, Società editrice "Storia di Napoli e della Sicilia", 1979.
- Dominique Vivant-Denon, *Testo in J.R.C. de Saint Non, Voyage pittoresque ou description des Royaumes de Naples et de Sicile*, Paris, 1781-86.
- Dominique Vivant Denon, *Voyage en Sicile* in appendice a Henry Swinburne, *Voyage dans les Deux Siciles avec des notes de M.de Non et le texte de son voyage en Sicile*, Paris, 1785.
- Charles Didier, *La Sicilia pittoresca*, (traduzione italiana a cura di Roberto Volpes), Palermo, La Ginestra, 1989.
- Charles Didier, *La Sicile* in AA.VV., *Italie pittoresque. Tables historique et descriptife l'Italie, du Piemont, de la Sardaigne, de Malte, de la Sicile et de la Corse,* a cura di J. De Norvins, Paris, 1834.

- Déodat de Dolomieu, *Mémoire sur les iles ponces et catalogne raisonné des produits de l'Etna; pour servir à l'Histoire des Volcans: suivis De la description de l'éruption de l'Etna, du mois dejuillet 1787*, Paris, Cuchet, 1788.
- A. Dry, *Trinacria, Promenade et impressions Siciliennes*, Paris, Plon Nourrit, 1903.
- Alexandre Dumas père, *Impressions de voyage. Le Speronare*, Paris, Calmann Lévy. 1888.
- Lawrence Durrell, *Carosello siciliano*, Palermo, Sellerio, 1977.- Gaetano Falzone, *Viaggiatori stranieri in Sicilia tra il '700 e l'800. L'Europa scopre la Sicilia*, Palermo, Denaro, 1963.
- William Fleury, *Trinacria Passeggiate ed Impressioni Siciliane*, (traduzione italiana a cura di Concettina Rizzo), La Spezia, Agorà edizioni, 2002.
- John Galt, *Voyages and Travels in the Years 1809-10 and 11*, London, 1812.
- Johann Wolfgang Goethe, *Italianische Reise in Werke (Grosse Weimer Ausgabe*), 1891.
- Johann Wolfgang Goethe, *Viaggio in Sicilia* (traduzione italiana a cura di Pino di Silvestro), Siracusa, Ediprint, 1987.
- Johann Wolfgang Goethe, *Viaggio in Italia* (traduzione italiana a cura di Giuliana Parisi Tedeschi), Roma, Babuino (Palombi), 1965.
- Ferdinando Gregorovius, Passeggiate per l'Italia, Roma, Carboni, 1909.
- Jean Houël, Viaggio in Italia e a Malta (a cura di Macchia, Sciascia, Vallet), Palermo-Napoli, Storia di Napoli e della Sicilia società editrice, 1977.
- Jean Houël, Voyage pittoresque des isles de Sicile, de Malte et de Lipari, Paris, de l'Imprimerie de Monsieur- Peintre du Roi, 1782-87.
- Albert Jouvin, *Voyage d'Italie et de Malthe 1672*, a cura di Liliane Dufur, Domenico Sanfilippo, Catania, 1995.
- Rina La Mesa, *Viaggiatori stranieri in Sicilia*, Rocca San Casciano, Cappelli, 1961.
- Carlo Laurenzi, Non esistono le sirene, Caltanissetta-Roma, Sciascia, 1964.
- Maurice Maeterlinck, *En Sicilie et en Calabre*, Paris, Kra, 1923.
- Maria Carla Martino, *Viaggiatori Inglesi in Sicilia nella prima metà dell'Ottocento*, Palermo, Edizioni e ristampe siciliane, 1977.
- Guy de Maupassant, *La vie errante*, Paris, Havard, 1890.
- Guy de Maupassant, *Viaggio in Sicilia*, Palermo, Promopress, 1991.
- A. Mozzillo, *Viaggiatori stranieri nel Sud dell 'Italia*, Milano, Edizioni di Comunità, 1964.
- Federico Münter, *Viaggio in Sicilia*, (traduzione italiana a cura di

Francesco Peranni), Palermo, Tip. F. Abbate, 1823.
- Paul de Musset, *Voyage pittoresque en Italie*, Paris, Morizot, 1856.
- Ignazio Paternò Castello - Principe di Biscari, *Raccolte di varie opere, Viaggio per le antichità Siciliane*, Catania, 1771. (Rist. Tip. F.Abbate, Palermo, 1817).
- Giuseppe Quatriglio, *Il viaggio in Sicilia da lbn Giubair a Peyrefitte*, Palermo-Siracusa-Milano, A.Lombardi Editore, 1989.
- Carmine Rapisarda, *Paternò nelle memorie di viaggio*, S.M.di Licodia, Aesse, 1996.
-Carmine Rapisarda, *Nicolosi e l'Etna nelle memorie di viaggio*, Paternò, ass.cult. Barbaro, Rapisarda, 2002
-Carmine Rapisarda, *Jean Houël a Paternò*, Paternò, ass. cult. Barbaro Rapisarda, 2003.
-Carmine Rapisarda, *British and American writers in Sicily*, Catania, E.d.a., 2003.
- Eliseo Reclus, *La Sicilia e l'eruzione dell'Etna nel 1865*, S.G.La Punta, B&B, 1999.
- Joseph Hermann de Riedesel, *Reise durch Sicilien und Gross Griechenland*, Zurich. Bey Orell. 1771.
- Joseph Hermann de Riedesel, *Viaggio in Sicilia*, Palermo, Abbate, 1821.
- Concettina Rizzo, *Viaggio in Sicilia*, S.M. di Licodia, AESSE, 1996.
- Saint Non (abbé Richard de), *Voyage pittoresque ou Description des Royaumes de Naples et de Sicile*, Paris, 1781-86.
- Augusto Schneegans, *La Sicilia nella Natura, nella storia, e nella vita*, Firenze, Barbèra, 1890.
- Daniel Simond, *Sicilia*, Palermo, Sciascia, 1956.
- Louis Simond, *Voyage en Italie et en Sicilie*, Paris, Sautelet, 1828.
- Captain William Henry Smith, *Memoir descriptive of the Resouces, inhabitants and hydrography of Sicily and its - Islands interspersed with antiquarian and other Notices*, London, John Murray, 1824.
- Stendhal, *Journal d'Italie*, Paris, Calmann Lévy, 1911.
- Henry Swinburne, *Travels in the two Sicilies in the Years 1777,1778, 1779, 1780*, Londra, 1783-85.
- Henry Swinburne, *Viaggio nelle due Sicilie negli anni 1777-1780*, (a cura di Maria Grazia Nicolosi)., La Spezia, Agorà edizioni, 2000.
- William Henry Thompson, Sicily and *its Inhabitants. Observations mode during a residence in that Country in the years 1809-1810*, London, 1813.
- Alexis de Tocqueville, *Voyages en Sicile et aux Etats Unis*, Paris, Mayer, 1957.
- Gustave Georges Toudouze, *La Sicilie ile d'or, ile defeu*, Paris,

B.Levrault, 1927.
- Hélène Tuzet, *La Sicile au XVIII Siecle vue par les Voyageurs étrangers*, Strasbourg, P.H. Heitz, 1955.
- Hélène Tuzet, *Viaggiatori stranieri in Sicilia nel XVIII secolo*, Palermo, Sellerio, 1988.
- Gaston Vuillier, *La Sicilia. Impressioni del presente e del passato*, Milano, C. Treves, 1897.
- Gastone Vuillier, *La Sicilia. Impressioni del presente e del passato*, Palermo, Epos, 1982.
- Marguerite Yourcenar, *Enpèlerin et en étranger*, Paris, Gallimard, 1989.
- T. Wright Vaughan, *A view of the present State of Sicily... and extracts from Letters written in Sicily in 1809-1810*, London, Dulau and Co., 1811.

INDICE

www.ingramcontent.com/pod-product-compliance
Ingram Content Group UK Ltd.
Pitfield, Milton Keynes, MK11 3LW, UK
UKHW020231250726
13967UKWH00001B/300

9 781291 119909